Magnus Albertus

Kurzgefasstes Weiber-Büchlein

Magnus Albertus

Kurzgefasstes Weiber-Büchlein

ISBN/EAN: 9783743435865

Hergestellt in Europa, USA, Kanada, Australien, Japan

Cover: Foto ©ninafisch / pixelio.de

Manufactured and distributed by brebook publishing software
(www.brebook.com)

Magnus Albertus

Kurzgefasstes Weiber-Büchlein

Kurzgefaßtes
Weiber-Büchlein.

Enthält

Aristotels und Alberti Magni

Hebammen-Kunst,

mit den darzu gehörigen

Recepten.

Gedruckt im Jahr 1798.

Den Wehmüttern die GOTT

fürchten, bauet Er Häuser,

2 Mos. 1, 21.

Von der Schwangerschaft.

Die Natur hat die Weibspersonen ge-
lehret wie sie ihr Feld besamen können, daher achte ich unnöthig zu beschreiben, wie die Schwängerung geschehen
soll; jedoch finde ich sehr nöthig zu mel-
den, wie sie sich hernach betragen sollen.

1) Zu wissen ob sie schwanger sey o-
der nicht, laß ihren Urin drey Tage in
einer zugestopften Bottel stehen, hernach
seihe ihn durch ein Tüchlein, findet man
Würmlein darin, so kan man sich darauf verlassen, daß sie schwanger ist.

2) Will sie wissen ob sie ein Knäblein oder Mägdlein empfangen, so läßt sie
einen Tropfen von ihrer Milch auf hel-
les Wasser fallen: Ist es ein Knäblein,
so wird er auseinander schwimmen, ist es
aber ein Mägdlein, so wird er niedersin-
ken, wie er hinein gefallen. ·

Sonst sind noch verschiedene Ziechen, nemlich, die Knäblein legen sich auf die rechte, und die Mägdlein auf die linke Seite. Sie behält auch eine frischere Farbe mit einem Knäblein als mit einem Mägdlein.

Wann sie nun sich also schwanger befindet, so solte sie sich des Beyschlafs enthalten, eine gesunde Luft haben, nicht zuviel schlafen, sondern fleißig arbeiten; jedoch nicht übersich langen, sich auch nicht erzürnen, grämen, noch erschrecken. Nichts Scharfes noch etwas das Urin oder Wind treibet, essen. In den zween ersten Monden, kan die Frucht leicht schaden leiden, wenn man dergleichen befürchtet, tunke gebähet Brod in Wein, und lege es auf den Nabel, und trinke alle Morgen Salbey-Thee, und nehme sich ins künftige in Acht vor allen Dingen, welche die Natur aus ihrer Ordnung bringen: dann dergleichen Zufälle sind sehr gefährlich; sonderlich bey unvorsichtigen Weibern.

Von der Geburt.

Wann nun die Zeit herannahet, daß das Kind geboren werden soll, erzeigen sich öfters Schmerzen, die für Geburts= schmerzen gehalten werden, und im Grund nur eine Kolick ist, und Unerfahrne schi= cken für die Hebamme, an statt daß sie solten warme Tücher auf den Nabel le= gen, und den Leib clystiren, welches al= lemal geschehen solte ehe die Wehen kom= men. Die gewisse Zeichen aber sind fol= gende; Der Leib, der zuvor hoch war, sinket hinunter und hindert sie im gehen, und fließet aus der Schaam ein schleimig= tes Zeug, welches die Natur verordnet hat um den Weg zu bahnen; dieser Schleim wird immer röther, bis an die Geburt.

Wann sie aber plötzlich mit den Ge= burtswehen angefallen wird, so hat sie grossen Schmerzen in den Lenden, und muß sich öfters brechen, welches für ein gutes Zeichen angesehen wird. Desglei= chen fühlet sie oft Zittern in den Schen=

keln und Beinen; jedoch ohne Kälte.

Wann nun besagtes schleimigtes Zeug
roth wird, so ist gewiß die Geburt nahe,
und die Hebamme thut ihren Finger
hinein, und öfnet das Häutlein, daß das
Wasser heraus flieset, da dann des
Kindes Haupt bloß erscheinet, und die
Geburt gewiß nahe ist. Je näher das
Kind dem Wasser nachfolget je besser
ist es; daher solte das Wasser darin
gelassen werden, so lange als leidlich
ist; nachdem es aber heraus geflossen, so
soll die Hebamme die Wasserstrasse mit
weichendem Oel salben, frischer Butter,
Schweinenfett, 2c. mag auch thun. Die
Hebamme soll hier wohl merken auf alles was geschiehet: dann aus der Mutter
Geberden kan sie schliesen was vorgehet.
Man solte die Gebärende nicht zu viel
liegen, sondern auf und abgehen lassen,
und wann sie zu schwach ist, soll man
sie führen.

Wenn sich die Geburt lang verziehet,
nachdem das Wasser heraus geflossen,

so laß sie einen guten schluck Wein, worin
Wachholderbeeren, Pennyroyal und dergleichen gesotten, trinken. Einen Adler-
stein oder Bieberstein an die Schaam
gehatlen, ziehet die Geburt und Nachgeburt heraus; doch muß man sorgfältig
seyn, und ihn wieder hinweg nehmen,
sonst ziehet er die Mutter heraus, so groß
ist seine magnetische Kraft. Peterlein
ist sehr nützlich bey dieser Gelegenheit,
wenn man ihn stösset und den Saft
davon der Frau in den Mund.giebt, und
ein Tüchlein darein dunckt und.dassel-
be auf die Mutter bindet, es befördert
die Geburt und Nachgeburt. Desgleichen
ist es sehr dienlich währen der Schwan-
gerschaft Peterleinsaft zu trinken. Milch
von einer andern Frau getrunken, ist auch
sehr gut, und befördert die Geburt. Die
Hebamme hat hierin zu beobachten, daß
die Frau nicht hart geschnürt sey, und
so viel als möglich ihr Muth zusprechen,
auch stärkende Mittel eingeben, als
frische Eyer, gute Hinkel-brühe u. dergl.

Wann nun die Geburt also befördert ift, so laß die Frau auf Teppiche liegen, nicht gar weit vom Feuer, lege ihr ein Küffen unter das Haupt, und eins unter den Hintern, laß sie ihre Füffe zurück bügen und die Knie so weit von einander thun als möglich ift; mittlerweile soll die Hebamme zu ihr greifen, jedoch ihre Hand und die Mutter wohl mit weiß Lilienöl oder frischem Butter falben, und den Ausgang nach und nach erweitern. Wann nun des Kindes Haupt erscheinet, so soll die Hebamme es wohl unterfuchen, ob nicht die Nabelfchnur um den Hals gewunden sey, wodurch leicht schaden gefchehen kan, alsdann soll sie das Haupt nicht gerad heraus, sondern von einer Seite auf die andere ziehen, damit die Schultern Platz bekommen: dann wo die Schultern nicht gleich dem Haupte nachfolgen können, so ift das Kind in grosser Gefahr zu erfticken. Wann nun das Haupt heraus kommt, so soll die Hebamme sogleich mit ihren Fingern das Kind unter den Armen fassen, und es heraus ziehen, die übrigen Theile folgen ohne Beschwerniß nach. Sobald das Kind heraus gezogen, so lege es auf die Seite, damit das Blut und Wasser, welches nachfolget ihm nicht in den Mund laufe, welches leicht das Kind beschädigen kann.

Wann die Mutter fett wäre, so soll sie nicht sitzen, sondern sie soll liegen auf ihrem Leib, und die Stirn ihres Haupts legen auf die Erden, und soll die Knie an ihren Leib ziehen, darum, daß die Bärmutter gedruckt und genöthiget werde. Darnach soll sie inwendig ihr Gemächte mit weiß Lilien-Oel salben, und wenn es die Noth erfordert, soll die Hebamme mit ihren Händen zu ihr greiffen, und das Schloß der Frauen erweitern; nach solchem wird die Frau bald und schnell gebären.

Item, die Hebamme soll keine Arbeit mit der Gebärerin anfahen, es sey dann, daß sich das Kind am ersten erzeiget, es der daß man es siehet, und nach dem greift, sonst ist ihre Arbeit vergebens, und wird die Frau nur damit gekränket, arbeitet sich ab, wenn sie denn hernach arbeiten soll, ist sie darzu schwach und matt.

Wenn nun die Frau in der Arbeit begriffen, und erscheinet das erste Fellin, in dem das Kind lieget, man nennets das Büschelein, oder die Nachgeburt.

Und will das Fell nicht selbst brechen, wegen seiner Stärke, so solls die Hebamme brechen mit ihren Finger-Nägeln; oder sie soll das Büschelein zwischen ihre Finger nehmen, und das aufschneiden mit einem Messer oder Scheerlein, also, daß sie das Kind nicht ritze oder verwunde, und nach dem so bricht das Wasser aus, und gehet das Kind hernach.

Und ob die Hebamm das Büschelein zu früh aufgeschnitten hätte, also, daß das Wasser ganz verlaufen, und die Gemächte der Mutter vertrocknet wären, das Kind sich aber nicht vollkömmlich geneiget hätte zum Ausgang, und sich verlängern wolte, soll man in die Gemächte der Frauen weiß Lilien-Oel giessen, zerlassen Schmalz und Feisten in rechter Wärme, so da glatt und schlüpferig machen, insonderheit ist in diesen Röthen der Eyerklar oder Eyerweiß mit sammt seinem Dotter eine Arzney, in die Gemächte der Frauen gestossen, auch soll man sie niessen machen, darnach wird die Geburt folgen.

Item, ist die Geburt groß, sonderlich das Haupt, so soll die Hebamm der Frauen Gemächte, wie auch den Eingang der Bärmutter mit ihrer Hand sänftiglich erweitern, jedoch vorher gesalbet mit Oel und Schmalz, das da glatt machet, wie erst gesagt ist worden.

Dergleichen wäre das Kind ein Töchterlein oder Zwilling, so soll man thun mit dem Oele, wie oben geschrieben.

Dieses alles ist gesaget von der natürlichen Geburt, als, so das Kind erscheinet mit dem Haupt, und die andern Glieder gerichts nachfolgen.

Wenn das Kind mit unnatürlicher

Geburt erscheinet, und kommt mit beeden Füssen, Armen und Händen, neben den Beinen hinabgestreckt, so soll die Hebamm die Arm und Hände des Kindleins geschicklich weisen, fügen und schieben, und mit Salben und andern Dingen glatt machen, also, daß die Hände und Arme des Kindes gestreckt bleiben, neben des Kindes Seiten unter sich hinab an die Dicke der Beine, und darnach soll sie ihm von statten helfen. Wo es aber möglich wäre, daß die Hebamm die Füsse des Kindes sänftiglich und fein subtil über sich wiese, also, daß inwendig in Mutterleibe, die Sohlen des Kindes Füßlein geschoben würden, gegen der Mutter Nabel, und sein Häuptlein gegen seiner Mutter Rücken untersich, gegen den Ausgang gestürzet und gewendet, wäre viel besser.

Wo aber das Kind erscheinet mit beyden Füssen, und hat die Hände nicht neben ihm, hinter sich hinab gestrecket, sondern übersich, soll die Hebamm grossen Fleiß anwenden, dem Kinde seine Hände unter sich zu bringen. und zu schieben. Und wo es möglich wäre, soll die Hebamme in gleicher Weise, als sie siehet, das Kind umwenden, und ihm mit dem Haupt zum Ausgang helfen.

Wo aber das auch nicht möglich wäre, so soll sie das bey den Füssen empfangen, die Arm und Hände unter sich weisen, neben den Seiten hinab. Und ob dieser zweyer Weg keiner füglich wäre, Hinderniß halben, soll die Hebamme beyde Füsse des Kindleins mit einem weichen leinen Bindlein zusammen binden, und darnach zum Ausgang helfen.

Wo aber das Kind zum ersten käme mit einem Fuß allein, so soll man die Mutter auf den Rücken legen, die Beine, über sich, aber das Haupt unter sich, und den Hindern wohl erheben. Die Hebamm soll mit ihrer Hand des Kindes Fuß wieder fein sänftiglich hinter sich schieben, dann soll sich die Mutter so lang gemählich umwälzen, so lang bis das Kind sein Haupt unter sich kehret zum Ausgang. Darnach soll die Mutter wieder auf ihren Stuhl sitzen, und die Hebamm ihr helfen, wie oben stehet. Wann aber das Kind in Mutterleib sich nicht wolt umwenden, daß das Haupt unter sich käm, so soll die Hebamm den andern Fuß auch zu der Geburt schicken, und dem Kinde aushelfen, doch allewegen die Arm und Hände neben seiner Seiten hinab gestrecket.

Wo aber das Kind käme mit seiner Seiten an die Geburt, so soll aber die Hebamm das Kind schicken, richten, und über sich weisen, wie es vorhin in Mutterleibe gesessen ist, und ihm darnach zu einem bequemen Ausgang helfen.

So aber das Kind käme mit getheilten Füssen, so soll die Hebamm die Füsse zusammen thun, und darnach ausfüren, als oben stehet. Doch soll sie allzeit Fleiß ankehren, daß die Hände des Kinds neben seinen Seiten hinab gestreckt seyen, als zum öfternmal gemeldt.

Und so das Kind sich mit den Knien
erzeiget, oder nur mit einem Knie käme
an die Geburt, so soll die Hebamme das
Kind über sich heben, und begreifen, und
wie oben beschrieben ist, dem Kinde zu
dem Ausgang helfen.

Item, ob das Kind eine Hand erzeigte,
so soll die Hebamme das Kind nicht
empfangen; sondern mit eingelassener
Hand die Schultern des Kindes fleissig
begreifen, und hinter sich heben, und die
Hand gegen des Kindes Seiten hinab
strecken, das Haupt begreifen, und ihm
zum Ausgang helfen. Wo aber solch
Weisen und Schicken der Hand nicht
einen Fortgang wolt haben, so ist aber
noth, daß man die Frauen auf den
Rücken lege, mit dem Haupt nieder, und
mit dem Hintern hoch, damit das Kind
hinter sich fahre, und alsdenn wieder
sitzen, und dem Kinde zum Ausgang
helfen.

Oder aber, wann das Kind mit bey=
den Händen erscheinet, so soll die Hebam

mit ihren Händen die Schultern der Achseln begreifen, und das Kind wieder hinter sich heben, und wie oben geschrieben stehet, des Kindes Hände neben seiner Seiten hinab streckt, und das Haupt begreifen, und ihm darnach zum Ausgang helfen.

Item, ob das Kind sich mit den Händen und Füssen zugleich erzeiget, so soll die Hebamm das Kind mit eingelassener Hand über sich heben, und mit den Füssen ausführen. Wo es aber möglich wäre, daß sie das Kind schieben möchte, damit es mit dem Haupt unter sich käm, wäre viel besser, denn die erste Geburt.

Item, ob das Kind mit gebogenem oder krummen Haupt erschiene, soll die Hebamme das Haupt schicken, und die Achseln über sich heben, und ausführen.

Ob aber das Kind sich erzeiget mit der Hand, oder mit dem Angesicht, so soll die Hebamm gleicherweise thun , als oben vermeldet ist.

Und so das Kind käme mit beyden Füssen, oder mit einem und dem Haupte, alsdenn so soll die Hebamme das Haupt begreifen, und die Füß des Kindes über sich richten, und also dem Kinde zum Ausgang helfen.

Item, ob das Kind getheilet, oder auf seinem Angesicht läge, so soll die Hebam leichtlich ihre Finger einlassen, und das Kind in der Seiten der Mutter überkehren. Oder ob sie eine Hand möge einlassen, soll sie das Kind ordnen und richten, also welcher Theil des Leibes dem Ausgang am nächsten, dasselbige ausführen; doch soll sie allermeist das Haupt suchen und ausführen.

Item, ob sichs zutrüge, daß der Kinder mehr dann eins wäre, als Zwillinge, und sich dergleichen erzeigten mit den Häuptern, so soll die Hebamm eines nach dem andern ausführen.

Wo aber diese Zwillinge kommen mit den Füssen, soll sie abermal Fleiß ankehren, eines nach dem andern auszuführen, als oben schon gemeldet worden. B

So aber der Zwillinge einer kommt mit dem Haupt, der andere mit den Füßen, soll abermal die Hebamm Fleiß anwenden, dem nächsten am ersten zu helfen, und das soll geschehen ohne beeder Quetschung.

Deßhalben soll die Hebamm ohne unterlaß die Gemächte der Frauen mit warmen Oel, oder mit Schleim von Sieben-Zeit-Saamen, Lein-Saamen und Pappeln begiessen, damit die Kinder aufs leichteste ausgeführet werden mögen, und die Frauen mit gernigerm Schmerzen gebähren.

Und so die Mutter in ihrem Gemächt der Bärmutter hätte ein Apostem, Geschwär oder Eyß, und könnte solches wegen naher Geburts-Zeit nicht gewendet werden, soll man in ihr Gemächte und Bärmutter, Oel, Schmalz und andere Dinge eingiessen, die Wehe und Schmerzen zu lindern, und soll dieselbige Frau liegen auf ihrem Leibe, wie vor geschrieben stehet, von einer gebärenden Frauen.

Für die andere Geburt, Secundina genannt.

Knoblauch mit seinem Kraut in Wein gesotten, und den Bauch damit bestrichen, zeucht die Nachgeburt aus.

Holzwurzel getrunken mit Wein, vertreibt die ander Geburt.

Stichwurz und Eberwurz, gleich viel gepülvert und mit Regenwasser gemischt, den Frauen eingegeben, hilft sehr wohl aufzulösen die ander Geburt.

Gelbe Violblumen in Wasser gesotten, und getrunken, treibt aus die ander Geburt.

Zimmetrinden getrunken mit Wasser, treibet aus die ander Geburt.

Andron-Saft ist gut den Frauen, die böslich gebären, und treibet aus die andere Geburt.

Spizigen Wegerich-Saft getrunken, vertreibet Secundinam, das ist, die Haut da das Kind innen gelegen hat in Mutterleibe.

Poleyen geſſen, iſt gut den Frauen, die verſäumet werden, durch die Ammen, alſo, daß ſie die ander Geburt ſo lange bey ihnen behalten, dadurch manche Frauen verſäumet werden, daß ſie ſterben müſſen.

Item, Mache einen Dampf von Hünersfedern, laß ſie darüber ſtehen, daß der Dampf zu ihr gehet.

*** Das Nabelſchneiden. ***

Nachdem die Geburt und Nachgeburt vorüber, ſo wird die Nabelſchnur geſchnitten; ſolte ſich aber die Nachgeburt zu lang verziehen, oder noch ein Kind zu hoffen, ſo wird die Nabelſchnur gleich nach der Geburt geſchnitten. Einige halten ſolches für ein Geringes; aber es erfordert ſowol Verſtand als etwas in der Kunſt; Dann es iſt zu beobachten ob das Kind ſchwach oder ſtark ſey꞊꞊꞊ Iſt es ſchwach, ſo ſoll die Amme etwas von Blut, ſo in der Nabelſchnur iſt, zurück

in das Kind treiben; ist es aber stark,
so hat es dasselbe nicht nöthig. Die
Nabelschnur ist der Canal, wodurch die
Kinder ihre Nahrung in Mutterleibe bekommen, und man hat Exempel, daß Kinder dem Ansehen nach todt geboren waren, wieder munter geworden, wann man
ihnen etwan sechs Tropfen Blut aus der
Nabelschnur eingegeben.

Ob man den Nabel kurz oder lang
schneiden soll, darüber ist viel disputiret
worden, indeme behauptet wird, daß die
Geburtsglieder groß und klein werden,
nachdem der Nabel kurz oder lang geschnitten wird. Demnach sey es wie es
will, die Amme soll einen braunen Faden
drey oder vierfach etwan einer Ellen lang
nehmen, mit einem einzelen Knopf an
jedem Ende, mit diesem die Nabelschnur
binden, etwan einen Zoll vom Leib, mit
einem doppelten Knopf, alsdann noch etliche mal herum wickeln und fest binden,
und mit einer Scheer die Nabelschnur
einen Zoll von dem Band abschneiden,

so daß zween' Zoll von der Nabelschnur
an dem Kinde bleiben, welches so fest gebunden werden muß, daß kein Tropfen
Blut heraus kann. Man hat sich nicht
zu fürchten wegen dem harten Binden, dann die Nabelschnur ist ohne Ge-
fühl; doch wann der Faden zu fein ist,
so kan es geschehen, daß er sie abschnei-
det, wodurch oft Kinder ihr Leben einge-
büßt haben. Die schnur fällt in etwan
8 Tagen von selbst ab.

Sobald die Nabelschnur abgeschnitten,
tunke Baumwolle in Rosenwasser, und
lege sie darauf, daß nicht die Kälte hinein
schlage, welches leicht geschiehet. Alsdann
lege ein anders Tuch drey oder vierfache
auf des Kindes Bauch, jedoch daß der
Nabel-Bendel auf der blosen Haut lie-
ge. Oben darauf lege ein anders klei-
nes Küssen, und umwickle es mit leine-
nen Bändern, die etwan vier Finger
breit sind, damit es steif bleibe, und
nicht durch zuviel Bewegung abfalle ehe
die Nabel-schnur abgefallen ist. Die

Hebammen legen gemeiniglich gebrante
Lumpen darauf; ich aber wolte ihnen
lieber rathen Sal Ammoniac, wegen seiner trocknenden Eigenschaft, darauf zu
legen. Bey unnatürlichen Geburten
wird es nöthig seyn sich der Zergliederung zu bedienen: dann aus zwey übeln
soll man das geringste erwehlen, und lieber ein Leben errette als zwey verderben
lassen.

Das Geblüt nach der Geburt einer
Frauen zu treiben, stosse Capaunen Hirn-
schalen zu Pulver, und gieb es ihr ein.

Von der Wurzel und Kraut Tau-
sendgülden getrunken, treibet einer fünf-
zigjährigen Frauen ihre Krankheit.

Oder thue Myrrhen in einen Apfel,
und gib ihr den zu essen.

Lein-Saamen gestossen, mit altem
Wein gesotten und getrunken.

Welche Frau ein todt Kind im Leibe
hat, trinke von rothem Beyfuß, so wird
sie es los.

Vor sich geschmieret auf dem Bauch

der Frauen Cammillen-Oel, treibet aus das todte Kind.

Oder, trinke Camillen-blumen. Oder, Natter-wurz. Vergiß mein nicht, gesotten im Brunnenwasser, und getrunken, treibet aus die todte Geburt. Gamander, oder Tausendgüldenkraut-wasser, getrunken. Item Gelbe Viol-blumen in Wasser gesotten, und getrunken; jedoch soll die Frau zuvor gewiß seyn, daß das Kind todt ist.

Diptam gepülvert, mit Beyfuß vermenget, und ein Zäpflein daraus gemacht, und den Frauen unten aufgebracht, treibet aus das todte Kind.

Weisse Nießwurzel getrunken und an die Schaam gebunden, Oder, Frauenkraut gepülvert und getrunken mit Wein und Honig, Oder, Liebstöckelsamen über Nacht in Wein gelegt, und den getrunken, treibet auch das todte Kind.

Die Rinde von Araunwurzel, vor die Schaam gehalten, ziehet die todte Geburt heraus.

Nasturtium, Kreß, den Samen gene-
tzet mit Wein, Oder Bedonien-körner
eingenommen, Oder, Rappenfuß-kraut
gesotten mit Wein, und das getrunken,
treibet das Kind aus Mutterleibe.

Erdzwibeln in Wein gesotten, und
Wermuth und Mastix im Wasser und
Eßig gesotten und mit Zucker süß gemacht
und getrunken, Oder, Violen gesotten
und auf der Frauen Bauch gelegt, treibet aus die todte Geburt.

Wann aber ein Kind vor der Zeit
abgehet, so zerstoß einen lebendigen
Krebs, und gib ihr davon zu trinken in
altem Wein.

Daß eine Frau leicht gebäre, binde
ihr an die linke Hüfte Bilsenkraut-
wurzel, und stoße Myrrhen in Wein,
und gibs ihr zu trinken, Oder, zerreibe
Lorbeer-blätter, und lege es ihr auf den
Nabel; jedoch muß beydes bald nach der
Geburt wieder hinweg gethan werden.

Holderwurzel gesotten mit Wein und
Baumöl, und den Leib damit bestrichen,

befördert die Geburt.

Wann einer Frauen die Schaam ge=
schwollen, von ehelichen Werken, oder
sonst, siede Pappeln in einem Keßel, und
setze die Beine hinein.

Aschen gemacht von Mauer=rauten, rei=
niget auch alle Gebresten an heimlichen
Orten der Frauen. Welcher Frauen die
heimliche Stätte versehret, die nehme Saft
von Lauch, und halts darüber, es heilet
es.

Culpeper Cap. XVI.

Sie müssen nicht denken, daß ich sie mit
so vielen Recepten suche zu plagen,
Nein! Ich schreibe ihnen darum so
viel, weil ich nicht weiß welche Mittel
sie haben.

Daß eine Frau leicht gebäre, laß sie
eine Zeitlang vor ihrer Niederkunft
alle Morgen Bedonien=Thee trinken, so
wird sie gebären ohne viel Schmerzen.

1 Kieselstein zu Pulver gestoßen, und in Wein getrunken, befördert die Geburt.

2 Tunke ein leinen Tüchlein in Peterlein-Saft, und schiebe es hinein, es führet die tode Frucht ab.

3. Daselbe getrunken, treibt die Nachgeburt.

4. Es reiniget auch die Mutter von allen Entzündungen, daher solte man allezeit einen Syrup davon im Hause haben, es befördert auch die Empfängniß.

5. Engelsüß gestoßen und auf die Fußsohlen gebunden führet das Kind ab, es mag lebendig oder tod seyn.

6. Biebergeil, oder der Spirit davon, ist auch sehr gut.

7. Asche von Esels-huf mit Oel vermischt, und die Mutter damit geschmieret, ist sehr gut.

8. Milch von einer andern Frau, getrunken, ist auch gut und befördert die Geburt.

9 Thee oder Saft von Eisenkraut

getrunken, beför:ert auch die Geburt.

10. *A Dram* (das 8te Theil einer Unze) Myrrhen gepulvert, und in eingem Getränk eingenommen, führet das Kind ab, es sey Tod oder lebendig.

11. Beyfuß in Waſſer geſotten, und auf die Schenkel geleget, ſo warm als ſie es leiden mag, führet beyde Geburten ab, und wann man es zu lange liegen läſſet, auch die Mutter; daher muß es zur rechter Zeit wieder hinweg gethan werden.

12. Wilder Poley gepulvert, und ein, gegeben, führet das Tode Kind ab.

13. Patonien oder Pfingſtroſen-ſamen mit Oel zu einem Pflaſter gemacht, und der Frau auf den Rücken gelegt, beför, dert die Geburt ohne Schmerzen.

14. Wenn man ſie auf einen zugemach, ten Stul ſitzen läſſet, und mit Geißkno, chen oder Klauen beräuchert, ſo bringt es die Mutter zurecht, treibet die Geburt; der Dampf kan aber leicht dem Kind ſchädlich ſeyn, bey toder Frucht, Mond,

kälber, ꝛc. darf man es sicher gebrauchen.

15 Bedonien-Kraut ist auch ein edeles Kraut einzunehmen.

16. Man sagt; Wann Birn in einer Stube seyen, wo eine Frau ligt, so verhindere es die Geburt gar sehr; obs aber wahr ist, weiß ich nicht.

17. Wachholderbeeren gegessen, oder den Spirit davon getrunken, befördert die Geburt, und Nachgeburt.

18. Ein Schwalben-Nest in Wasser gelegt, und nachdem es aufgeweicht, das Wasser getrunken, befördert die Geburt.

Wieder das Blutharnen, stosse Knoblauch und koche ihn in Wasser, bis ein drittheil eingesotten, und trinke es.

Die Nachgeburt zu treiben, koche Ysop, und trinke das Wasser davon, es treibet auch die Tode Frucht, monatliche Reinigung ꝛc. Wohlgemuth, oder Wilder Majoran thut die nemliche Dienste.

Reinfahrn gestossen, und unter die Nase gehalten, ist auch gut.

Unterricht für Mutter und Kind.

✲

Nachdem die Geburt vorüber, soll sich
die Mutter in ein warmes Bett legen,
nahe zum Feuer, welches besser ist als O⸗
fenhitz: dann zu heiß macht sie schwach,
der Kopf und Leib soll etwas hoch liegen,
damit der Athem desto leichter werde, und
das Blut von ihr gehe ehe es gerinnet,
und hernach viel Schmerzen verursachet.

Eisenkraut, Roßmarin oder dergleichen
Kräuter gekocht, und in allen ihren Spei⸗
sen gekostet, dienet wieder die Entzündung
der untern Theile des Leibs. Aeusserlich:
Nimm zwey Unzen süsse Mandeln, und
zwey oder drey frische Eyer, rühre es un⸗
tereinander in einem erdnen Gefäß, auf
heiser Asche, bis es fast dicke wird, als⸗
dann spreite es auf ein Tuch, und lege es
recht warm auf der Frauen blosen Bauch
und Schaam, laß es 5 oder 6 Stunden
liegen, alsdann erneuere es wieder bis es
besser wird.

Alle ihre Speisen müssen warm seyn,

und nur ein wenig auf einmal. Der
Raum solte dunkel seyn, indeme das Licht
den schwachen Augen schädlich ist. Wañ
ihr Geblüt stinket, oder in Klumpen von
ihr gehet, so ist zu vermuthen, daß etwas
von der Nachgeburt zurück geblieben,
nimm Beyfuß, Pennyroyal, Quendel, koche alles in Wein, mache es mit Zucker
süß, und laß es die Frau trinken.

Feucht Brod in Butter gebacken, und
frische Eyer sind die besten Speisen für
sie, jedoch solte sie unter allen etwas Cin-
namon geniessen. Sie solt sich so wenig
bewegen als möglich ist, bis auf den 5,
6 oder 7ten Tag, auch soll sie nicht viel
reden.

Wann sie nicht guten Stuhlgang hat,
so soll sie Clystir brauchen von Wasser,
darin Pappeln und brauner Zucker gesotten.

Nachdem sie 8 Tage gelegen, soll sie
solche Mittel brauchen, die die Mutter zusammen ziehen, als Flachssamen auf feu-
rige Kohlen gethan, und darüber gestan-

den, die Bärmutter mit Baumöl gesalbet, ist sehr dienlich.

Solte das Geblüt zu stark gehen nach der Geburt, so binde ihr die Daumen und grossen Zehen mit rothen Bendel, es hilft wann man es fest anziehet.

Nachwehen entstehen vom Wind der in dem Leibe zurück bleibet, dagegen mache ihr eine gute Kümmelsuppe, backe einen Kuchen in Schweinenfett, und lege ihn auf der Frauen Bauch.

Oder nimm Tar, Eberschmalz, jedes gleichviel, koche es untereinander und thue etwas Taubenmist dazu, schmiere es auf ein Tuch oder dünnes Leder und lege es der Frau auf den Rücken, es hilft.

Oder stosse Lorbeeren zu Pulver, und gib es ihr in Wein zu trinken.

Gerinnung der Milch ist ein grosser Schmerzen, daher soll sie die Brüste mit rothem Flannell recht warm halten, und aussaugen lassen, worzu die Kinder oft zu schwach sind, und darum von Erwachsenen muß gethan werden.

Milch zu stillen, zerlaß 2 Unzen saubers Wachs, ein halb Pfund Leinsamen darein gethan, und leinen tuch darein getunkt, also es warm auf die Brüste gelegt.

Gegen das Hauptwehe, bähe ein Stück Brod, tunke es in Essig oder Brantewein, und binde es auf die Stirne.

Zu Zeiten bekommen sie auch Ohrenschmerzen, welche entstehen wann das Wachs darin steif wird, laß Baumöl hinein laufen, und lege ein Säcklein mit Asche darauf, so heiß als sie es leiden mag.

Wann die Frau unter der Geburt sehs zerrissen, nimm Wein, frischer Butter, mache es mit einander heiß, tunke weich leinen Tuch hinein, und lege es auf die Bärmutter, so warm als sie es leiden mag, wiederhole es oft.

Wann sie das Wasser nicht laßen kan, gib ihr Peterleinwasser, von dem Kraut oder Wurzel zu trinken, oder gieb ihr

C

Eyerschalen woraus junge Hühner gekrochen, Wermuth oder einige bittere Kräuter gekocht, und den Dampf in sie gehen lassen, ist auch dienlich.

Wann sie Hartleibig ist, so wäre ein Clyster das beste, sonst dienet auch Baumöl, Molasses und dergleichen einzunehmen.

Ist der Leib sehr geschwollen, so binde ein Tuch darum, und trinke starken Kümmelthee.

Wann nun der Nabel beschnitten wie zuvor gemeldet, so solte das Kind wohl gereinigt werden, mit Wein und Wasser gewaschen, und mit einem gelinden Tuch oder Schwamm getrocknet werden, alsdann solt man es genau besehen, ob die Nase gerad, ob die Zunge los ist, ob kein Glied aus seinem Gewerb ist, oder sonst etwas mangelt; falls etwas dergleichen wäre, soll man alsbald die nöthige Mittel brauchen. Auch ist nicht genug, daß alles von aussen rein sey: sondern es ist auch nöthig daß man ihm eine Laxirung gebe, welches insgemein nur Salz-

waſſer iſt, man kan ihm auch Baumöl,
Molaſſes, und dergleichen eingeben.

Eines iſt noch zu beobachten, das oft
der Ausgang verſtopfet iſt bey neugebor-
nen Kindlein, und wann ihnen nicht geholfen wird, ſo iſt alle andere Mühe um-
ſonſt. Dieſe Verſtopfung iſt auf zwey-
erley Art: bisweilen iſt ein Häutlein darüber gewachſen, welches man ſorgfältig
aufſchneiden muß. Zu Zeiten iſt es auch
durch andre Dinge verſtopft, worzu Cly-
ſter am dienlichſten ſind.

Gottfrieds Cordial wird gegenwärtig
oft zu ſtark gebraucht, und iſt in die
Läng den Kindern ſehr ſchädlich, gleich-
wie andere ſtarke Getränke den Erwach-
ſenen; wiewohl man einem ganz Klei-
nen des Tages 3 Tropfen, einem von
6 Wochen etwan 7 Tropfen geben mag;
es ſtillet die Kolick und macht ſie ſchla-
fen. Sicherer wäre es in die Länge,
wenn man ihnen Kümmelthee, oder Ruß-
thee zu trinken gäbe.

Wann ein Kind verwahrloſet und von

naffen Windeln wund wird, wasche es mit frisch Wasser, salbe es mit frischem Butter, und streue Bleiweiß darauf, es heilet auch alle andere Wunden unter den Armen 2c. von dieser Art.

Für wunde Mäuler zu verhüten, weiche Salbeyblätter in frisch Wasser, und wasche ihm das Maul damit. Ist aber das Maul wund, so nimm Honig und Essig und wasche es mit einem Stückchen rothen Flannell; schabe auch Röthel und vermische sie mit Honig, und gib es ihm in den Mund.

Mondkalb, ist eine Sammlung von monatlichem Geblüt, das die Person scheinet als wäre sie schwanger, dagegen können diejenige Mittel gebraucht werden, die gemeldet sind für eine tode Geburt austreiben.

Für gute Zähne zu behalten, ist kein bessers Mittel, als alle Morgen und nach dem Essen, den Mund aus zu wäschen und die Zähne bisweilen mit Salz zu reiben.

Rebholz gebrant, die Kohlen gepulvert, mit Honig vermischt, und die Zähne damit gerieben, machet sie so weiß als Elfenbein.

Eine abgezogene Maus gedürret und gepulvert und einem Bettprunzer davon eingegeben, ist sehr gut.

Wider das Fieber, sobald das Fieber an dich kommt, nimm ein halb Peint süssen Wein, koche ihn zu einer Tschill, mit etwas Knoblauch fein darein geschnitten, und warm getrunken.

Thee von Gichtrosen mit Honig und Butter warm getrunken, befreyet von der Kolick.

Des Abends die Zehen mit den Fingern gerieben, und daran gerochen, ist gut gegen den Krampf, Schlag und Zittern.

Daß die Kinder bald reden lernen, reibe ihnen die Zunge öfters mit Honig und Salzstaub. Es ist auch gut für erwachsene, wann sie stottern.

Schuppen und Grind auf dem Haupt

zu vertreiben, nimm Wein und frischen
Butter jedes gleichviel, koche es zu einer
Salbe, und schmiere das Haupt damit.

Bisweilen sind auch Läuse dabey,
wann solches ist, so mische auch Ritter=
sporen=samen darunter.

Wann die Kinder von Würmen ge=
plagt werden, so koche Knoblauch und
laß sie die Brühe trinken.

Oder nimm Oranien Pillen, mache
sie fein, und gibs ihnen mit Wein ein.

Oder nim Bullsgalle, mache sie warm,
tunke ein wenig Wolle darein, und binde
es auf den Nabel.

Wider den Durchlauf und ruhr,
nimm Mist von einem Hengst, koche ihn
in Wein, und lege es auf den Nabel.

Wider den Stein , nimm Blut von
einem Fuchs, und bestreiche den Bauch
damit, Einnehmen wäre auch gut ; allein
es ist nicht appetitlich.

Den Wurm (böse Ding) zu vertrei=
ben, ist kein besser Mittel in der Welt,
als den Ort sogleich zu öffnen.

Culpeper Cap. XII.

Zu Zeiten sind die Weiber gar zu modest, und bereden die Kinder die alt Catharina hätte sie aus dem Bruñen geholt, da es schon geschehen, daß die andern Kinder nach dem Brunnen liefen, um zu sehen ob noch mehr da wären, sahen ihren Schatten darin, und stürzten hinein.

Mit ihren Töchtern machen sie es auch also, die sollen nicht wissen was das weibliche Geschlecht für Krankheiten hat, bis sie es an sich selbst erfahren.

O Thorheit! dadurch verderben sie sich oft so übel, daß sie nicht mehr können curirt werden, und durch ihr geheim halten wollen, wird es desto mehr offenbar.

Die Söhne sollen gar nichts wissen, daher muthen sie ihren Schwestern oft schädliche dinge zu, und was noch mehr ist: Ich habe schon solche Esel gekant,

die erst nach ihrer Heyrath erfahren habt
was die Weibspersonen sind, und fast
davon geloffen wären.

Beförderung des monätlichen Geblüts.
Ein Plaster von Galbanum auf den
Nabel gelegt, ist sehr dienlich das Ge-
blüt zu treiben.

Die Kräuter welche das Geblüt treiben, sind: Balsam, Pennyroyal, Bedonien, Salbey, Majoran, Roßmarin,
Eisen-kraut, Lorbeeren, Ysop, Tausendgülden-kraut, Hasselwurzel, Sefenbaum,
Baldrian wurzel, Dostenkraut, ꝛc. ꝛc.

Einiges von diesen bemeldeten Kräu-
tern in Wein gethan und denselben getrunken, oder Thee davon gemacht, befördert ihre Zeit, und solte es nicht, so
koche besagte Kräuter in Wasser, mache ein Fußbad davon, und binde die
gekochte Kräuter auf den Nabel, lege
Dich in ein warm Bette, und lasse zur
Ader. Eins ist zu bemerken, daß diese
Artikel gebraucht werden sollen, wann
der Mond im Zunehmen, und schier voll

ist: dann es ist schwer das Geblüt in
den Gang zu bringen, wann der Mond
abnimmt.

Ich kante eine Jungfer in London,
die ausgefahren war an ihrem ganzen
Leib als ob sie die Franzosen hätte, bey
Untersuchung fand ich, daß sie niemals
ihre Reinigung gehabt hatte, Ich brauchte
ihr obige Artikel, und sie wurde gesund
in kurzer Zeit, und die Pocken wurden
heil.

Einesmals hatte ich eine Wittwe von
30 Jahren alt in der Kur, derselben
war ihre Reinigung verstopft, durch Be-
trübniß, und nichts wolte ihr helfen, endlich rieth ich ihr eine Gallen frische
Milch zu kochen, und dieselbe stehen
lassen bis man ein Finger darin leiden
konte, als dann eine Quart Wein und
etwas Safran hinein gethan, und beym
Vollmond davon getrunken, sie that also,
und trank eine Quart davon zwey Stund
ehe sie zu Bette ging, des andern Tages bekam sie ihre Reinigung.

Wann der Fluß zu stark ist, so stosse rothe Corallen zu Pulver und gib es ihr ein.

Asche von gebranten Eicheln in die Matrix geschoben, stillet den Fluß.

Wasser aus einem holen Eichbaum getrunken, ist auch dienlich.

Johanneskraut gedürret, fein gestossen, und getrunken, stillet den rothen und weissen Fluß.

Drachenblut wird auch sehr gelobet.

Blumen von rothen Erz-Engel, oder Tode Nesseln, verstopfen den rothen Fluß, und die weisse den Weissen Fluß.

Teschelkrautwasser stillet auch den Blutfluß, wenn sies abends und morgens trinkt.

Oft kommt dieser Fluß auf die Weiber im Kindbett; sonderlich wann die Frucht vor der rechten Zeit abgehet: alsdann ist es sehr gefährlich. Die sicherste Kur ist, daß man so gleich die Frucht hinweg schaffet. Wann man sie trocknen und wieder zurück geben kan, so wirket es wunderbar.

Ein gut Pulver, das laxirt und pur-
giret alle vier Complexiones ohne
Schaden.

Wolfsmilch-Wurzel, der kleinesten zwey
Theil von einem Quintlein, und wasche
sie hernach mit einem dünnen Wasser,
Senet-Blätter ein Quintlein, Turbit,
weissen Weinstein, Engelsüß, jedes das
dritte Theil von einem Quintlein, und
vier Gersten-körner schwer Lerchenschwam,
Scamone, die da breit, Rhebarbara,
Ingwer, jedes achtzehn Gersten-körner
schwer Zimmet, Anis, Fenchel, Säßholz,
Römischen Kümmel, Negelein, Muscat-
tenblüthe, Galgan, Violen, Borrach-
Blumen, und Ochsenzungen-Blumé Sal-
gemmá, ein jedes sechs Gersten-Körner
schwer, Mastix, zwölf Gran, alles zusammen gestossen und rein gepülvert, und davon genommen Morgens anderthalb Quintlein in Wein und Erbsbrühe.

⁕

Ein Waſſer, das Geſicht zu ſchärfen, für die Flecken in Augen.

Oermennig, Eiſenkraut, Rauten Fenchel, rothe Roſen, jedes gleich viel, und ſtoß oder zerquetſch es in einem Mörſelſtein, oder hacke und beſprenge es mit gutem ſtarken Wein, und laß es ſtehen, putreficir es in Balneo Maria drey Tag und Nacht, und darnach ſo diſtillir es in einem Cucurbit. Es iſt ſehr gut für die trieſende Augen, und nimmt hinweg alle Wehetagen, die da kommen von der Kälte, es macht auch trocken und klar die rinnenden Augen, und vertreibet die Fleckenfenſter. Dieſe zu vertreiben, thue darzu Andorn und Hühnerdarm, daß die rothen Blümnlein hat, genannt zu Latz ein: Flammula, Brennkraut, jedes halb ſo viel, als jenes eines, diſtillir es auch, wie die vorigen, und wann es alſo diſtillirt iſt, ſo nimm darzu Myrrhen und Aloes, jedes ein Quintlein, und binde es

in ein Tüchlein, und henge es in das
Waſſer, ſo iſt es gerecht gemacht.

Dis Waſſer ſoll gebraucht werden A-
bends und Morgens in ein jedes Aug einen Tropfen, das hilft wunderbarlich,
wie oben ſtehet.

Ein gut Aqua vita compoſita,
das iſt tauglich allen Siegtagen, das da
kommt von Kälte, und muß alſo gemacht
werden; Nimm Fenchel, Peterlein, Spar-
gen und Tauſendblat oder Garbe, Wal-
düſtel, Endivien, Scharlach, die Wurzel,
jedes 6 Loth, weiſſen guten Wein, und
vermiſch es alles durch einander, diſtillir
durch den Alembic.

Das erſte Pulver zu machen: Nimm
darzu Römiſchen Kümmel, Zimmetrinden
jedes 7 Loth, Negelein 3 Loth, Paradis-
holz ein Quintlein, Ingwer, Pfeffer, jedes
4 Loth, Galgan, Cubeben, Nert, Lieb-
ſtöckel-ſaat, jedes 2 Loth, Spicanardi,
Macis, jedes 1 Loth, alles zu Pulver ge-
ſtoſſen und behalt es alſo.

Das andere Pulver: Nimm Zimmet-

rinden, Negelein, Spicanardi, Süßholz,
Langen Pfeffer, jedes ein Loth, dieses
alles fein zu Pulver gestoßen.

Zum ersten, nimm des erſten Waſſers
von dem Würzlein, diſtillire drey Theil,
und von dieſen zwey Pulvern zwey Theil,
und diſtillirs wieder durch einen Sack,
und thue darzu rothen Wein ein halb
Maß, und wenn es diſtillirt iſt durch den
Sack, ſo diſtillire es durch ein Alembic,
doch wilt du, ſo magſt du mehr nehmen,
je mehr je beſſer, und wann es alſo diſtillirt iſt, ſo thue darzu Balſam und Ambra, jedes 12 Gerſten-Körner ſchwer, und
henke es in das Aqua vitä, und deke es
veſt zu und ſtell es hin, wo viel Hitz iſt,
daß ſichs wol temperire, ſo iſts gerecht.

Item, von dieſem Waſſer unter Wein
gemiſchet, bringet ein gut Gedächtniß,
jedesmal zween Tropfen, den Alten zu aller Mahlzeit, aber den jungen von zwan-
zig Jahren, in der Wochen viermal.
Wenn ſie das Waſſer nicht möchten
brauchen mit Wein, ſo ſollen ſie über vier

Tage des Waſſers trinken eines Gülden
ſchwer, Morgens nüchtern, den vierten
Tag hernach dieſes Pulvers, des dritten Theils ſchwer von einem Gülden,
das iſt, ein Scrupel, den Tag dreymal,
und jedesmal wie oben geſchrieben ſtehet:
Morgens, zu Mittage, und zu Nacht in
der Speiſe.

Der Ehrwürdige Meiſter Origenes,
als man das von ihm lieſet, hat diß
Waſſer gebrauchet nüchtern und auch in
der Mahlzeit, alſo drey oder vier Tropfen
in einem Löfel voll Wein getrunken, und
ſpricht: Welcher Menſch diß Waſſer alſo
gebrauchet, der lebet die Zeit die ihm von
GOtt geſetzt iſt, und behütet ihn vor aller
Krankheit, bis zu einem beſtimmten
Alter. Du magſt auch diß Waſſer brauchen, das Angeſicht zu ſchmieren, es be-
hälts ſchön, ſchärft die Vernunft, behütet
vor dem Schlag, aller böſen Luft, ꝛc.
wenn mans an die Naſe hält, und die
Schläfe damit beſtreichet.

Ein ander köstlich und gut **Aquavit,**
des **Tugend** man nicht genug loben
noch beschreiben kan, dienet zu allen
Gebrechen und **Krankheiten**
des **Leibes.**

Des edlen Salbey zwölf Loth, Mus-
catennuß, Ingwer, Negelein, Paradis-
körner, Zimmetrinden, jedes 1 Loth,
Rautenblätter, Lohr-Oel 2 Loth, Biber-
geil anderthalb Quintlein, Spicanardi,
Majoran, jedes 1 Quintlein, Roßmarin-
blumen, Zimmetrindē, ein jedes 4 Quintlein. Diese Dinge werden alle zusammen gethan, und darüber gegossen gebren-
ter Wein, 2 Maaß, und stelle es zu
putreficiren 49 Tage, und alle Tage
einmal gerühret, darnach in Alembic di-
stillirt, und darein gehenget Ambra Bi-
sam, ein jedes ein Gersten-Korn schwer.
Dieses Wasser bey der Mittagsmahl-zeit
und zu Nacht ein Tropfen oder 2 eingenommen, behütet vor allerley schwachheit,
Hauptweh, graue Haare, 2c. 2c. 2c.

Fehlt einem etwas im Munde, am Rachen und Zäpflein, der behalt ein wenig drauf, es heilet. Es ist auch gut für Schwinden oder Ohnmächtigkeit, so man das mischet mit Tamarißkenwasser, und brauchet es. Es wehret auch das Zittern der Glieder.

Item, wer sein Angesicht damit bestreichet, der macht und enthält es glatt von Runzeln, es bringet auch einem wieder seine verfallene Sprache.

Es wehret auch das Grimmen in dem Leibe, das von überflüssiger Feuchtigkeit herkommt, und constipirt sehr.

Es wehret auch der Wassersucht, die da kommt von Kälte, wann man das trinket, und sich damit schmieret. Es ist auch gut für die unreinigkeit der Malzey.

So man ein Theil von diesem Wasser, und Taubenkropf-Wasser, zwey Theil darunter mischet, und trinket solches in der Wochen drey oder viermal, und die Malzey stetiglich damit bestrichen, der findet

D

Aufenthaltung und erwehrt sich gewißlich,
es sey denn, daß der Aussatz gar faul sey.

Von der Zergliederung.

Tode Frucht zu zergliedern, wird sich
im Nothfall niemand ein Gewissen
machen; ob man aber lebendige Kinder
in Mutterleibe zergliedern darf, ist dispu-
tirlich. Ich achte für mein Theil, es
solte eins von dem letzten Mitteln seyn.

Unterdessen solte doch eine Hebamme
mit den Instrumenten versehen seyn, um
sie im Nothfall zu gebrauchen: dann
wann die Noth da ist, und man soll
alsdann erst für die Instrumenten sen-
den, so muß oft die Mutter und das
Kind mit einander verderben, ehe die
Instrumenten gebracht werden.

Die Instrumenten sind in den grossen
Apotheken zu haben. Die Zergliederung
wird ein Hebamme leicht sehen, wie sie
muß unternommen werden, daß das Kind
in Stücker heraus gezogen werde.

Der Kaiſerliche Schnidt.

WAnn die Geburt nicht anders geſche-
hen konte, oder ein Weib plötzlich
umkam mit einem lebendigen Kind in ihrem Leibe, ſo war es die alte Gewohn-
heit ſie auf zu ſchneiden, und das Kind
heraus zu nehmen. Wir wiſſen aber
nichts davon, daß je eine Frau mit dem
Leben davon gekommen vor dem 16ten
Jahrhundert; ſeit dem aber haben wir
Bericht von mehr als 70 die es glücklich überſtanden, und nur 7 die unter der
Kur geſtorben, welches man aber wohl
mag der übermäſigen Anſtrengung zu-
ſchreiben ehe dieſe Kur unternommen worden.

Der erſte davon wir wiſſen, der einer
Frau ein Kind aus dem Leibe geſchnitten,
daß Mutter und Kind lebendig davon
kamen, war ein Säugelzer, im Jahr 1598.
Seit derſelben Zeit iſt dieſe Operation
lange nicht mehr ſo gefährlich als ſie
war: dann nachdem bemeldter Säugelzre

seinem Weibe so glücklich geholfen hatte,
haben die Naturkündiger diese Kunst an
Thieren probiret, und befunden daß man
einem Thier den Leib öfnen kan, und
die Frucht heraus nehmen, ohne dem
Thier das Leben zu nehmen, wenn man
nur die Luft nicht lässet hinein schlagen.

Ja sie haben die Kunst so weit gebracht, daß sie Weibern Kinder aus
dem Leibe geschnitten, und sowohl kurirt,
daß sie hernach wiederum schwanger geworden, und natürlicher Weise geboren
haben.

Mr. Hamilton Professer der Hebam-
menkunst, erstattet uns folgenden Bericht
von einer Begebenheit, da er selbst ein
Augenzeuge war:

Elizabeth Clerk, alt 30 Jahr, war
etliche Jahre verheirathet, wurde schwanger und, ging ihr im dritten Monat ab;
das Abgehen aber verursachte solche
Schmerzen, daß man das Perinäum
aufschneiden mußte. Nach ihre Gene-
sung war sie eine Zeitlang aus ihrer

Ordnung, die Menſes aber erzeigten ſich einmal, und ſie wurde zum andern mal ſchwanger, und wie ſie ſelbſt behauptete, zur Zeit da das Kind ſeine Zeit erreicht hatte, wurde ſie mit Geburts-wehen angefallen Montags den 3ten Jannuary 1774. zu Mitternacht; dieſelben nahmen allegemach zu, bis Samſtags den 15ten da wurde ſie den Doctorn ergeben. Bey Unterſuchung fand ſichs, daß der Ort da das Kind ausgehen ſolte, ganz zu war, und hatte zwey Tage kein Stulgang gehabt noch Waſſer gelaſſen.

Um 6 uhr Abends ſchnitten ſie ihr in den Leib, auf der linken Seite, durch das fleiſch, bis man das Netz ſehen konte; zwey Adern fingen an zu bluten, wurden aber durch ein gelindes drücken geſtillet, das Netz wurde alſo auch durch geſchnitten, ſo, daß es eine Oeffnung gab in den holen Leib. Die Blaſe ſchiene etwas entzündet zu ſeyn, und entſetzlich Ausgeſpannet; daher wurde noch ein Verſuch gemacht: das Waſſer von ihr abzuführen, welches

endlich auch durch ein Catheter zuwegen
gebracht wurde, und gingen über 4 Pfund
Urin von ihr, der sehr übel roch. Der
Uterus, welcher zuvor wegen, der ausge-
spanneten Blase nicht konte gesehen werden, erschien nun, dieser wurde auch durch-
schnitten, und ein grofes lebendiges Knäblein herausgezogen, und sogleich auch die
Nachgeburt. Der Uterus sogleich zusammen gezogen, die Wunde gereiniget, und
zugenähet. Im ganzen hat sie nicht über
6 Unzen Blut verloren.

Alles dieses litte sie mit grosser, und un-
gemeiner Standhaftigkeit.

Nun wurde sie in ein Bette gelegt mußte sich verschiedene mal Brechen, dieses
wurde gestillet, durch ein Anodine, sie
klagte einen Schauter über ihren ganzen
Leib, darauf wurden ihr warme Eisen
an die Füsse gelegt, darüber fiel sie in einen süssen Schlaaf, bey 5 oder 6 Stunden, den andern Morgen als den 10ten
um zwey uhr klagte sie über Schmerzen
auf der andere Seite, darauf wurde ihr

Adergelaſſen. Während der Zeit hatte
ſie noch keinen Stulgang, darauf wurde
ihr Glauber, Manna und Cr. Tar. gegeben, und bekam Stulgang; ſie bekam
aber groſſe Hitze und Ohnmachten, und
ſtarb nach dem das Kind 26 Stund alt
war.

Wann man betrachtet wie lang dieſe
Elizabeth Clerk in der Arbeit war,
ehe die Doctor ſie in die Hände beka-
men, ſo darf man nicht wundern, daß
ſie nach ihrer Entbindung geſtorben; man
muß ſich vielmehr wundern, daß das Kind
lebendig davon kam.

Die Naturkündiger haben ſich viele
Mühe gegeben, warum ehdeſſen ſo viele
Weiber an dem Kaiſerlichen Schnitt geſtorben, und denſelben Schnitt, an Hün-
dinen ꝛc. probiret, und befunden, daß die
kühle Luft, der Wunde ſehr ſchädlich iſt,
und ſobald kühle Luft an das Eingeweide
kommt, daß es dieſelbe entzündet, und keine Rettung dafür iſt. Das aber einem
Säugelzer dieſe Kunſt zuerſt gerathen,

mag einem Verständigen Ursache genug
zum Nachdenken geben.

Doctor Monro Professer der Anoto-
mie zu Edinburg, hat öfters Hunden,
Katzen, Fröschen und dergleichen, den
Leib aufgeschnitten, und meldet, daß es
ihnen keinen merklichen Schaden gethan,
wann die Wunde augenblicklich wieder
zugenähet worden; wann sie aber nur etliche Minuten aufgeblieben, so daß die
Luft hinein geschlagen, so hätte das Thier,
entsetzlichen Schmerzen bekommen, und
sey nach etlichen Stunden gestorben, nach
dem sie Tod waren, hat er sie wiederum
geöffnet, und befunden, daß die Eingeweide entzündet und an einander geklebet
waren.

Auserlesene Recepten.

UNter denen vielen Brandsalben, die
unter uns bekant sind, wird folgen-
de für die vornehmste gehalten: Nimm
frischen Schaafmist und die mittelste

Rinde oder Baſt von grünem Holder, schneide sie klein und brate es mit einander in frischem, ungeſalzenem Butter, der nie in Waſſer war, seihe es durch ein Tüchlein, so bekommſt du eine Brandſalbe, die mehr werth iſt als man mir für alle meine Bücher gibt.

N. B. Wann diese Artikel nicht zu haben sind, und der Brand will in den Leib schlagen, so trinke einen Schluck von deinem eigenen Harn. Sonſt dient auch eine Salbe von Dinte, Baumöl und Wachs.

2 Den Huſten zu vertreiben, stoſſe Salbey, und nim den Saft, mit einem Becher voll warmen Wein, es dienet auch wider den Sod.

3 Die Gesundheit ein ganzes Jahr zu erhalten, nim Wermuth und Bedonienzipfelein, jedes 6 Loth, und gieſſe den besten alten Wein darauf, und trinke den ganzen Monat May, alle Morgen nüchtern ein Glasvoll.

4 Wider geſwollene Schenkel und Füſ=

se, Wermuth, Hauswurzel, Schelkraut, Nachtschatten , Flöhkraut und Kleyen, jedes eine Handvoll, in ein Säcklein gethan, in Wein gesotten, und darüber geschlagen. Stosse auch Rettigwurzeln, lege sie in die Schuhe, gehe darauf und erfrische es alle Morgen und Abend, es ziehet die Geschwulst gewaltig heraus. Ist die Geschwulst vom Reiten, so lege 2 Handvoll zerquetschtes Gänserichkraut in die Schuhe, und reite oder gehe darauf.

5 Wann einer am Milz geschwollen, so nim eine Handvoll Wacholderschoß , roth Rebholz, Säubohnenstroh, brenne es zu Pulver, binde es in ein Tüchlein, schütte kochend Wasser darüber, thue auch etwas Süßholz und Fenchel darein, und trinke Morgens und Abends ein Glas. Es ist auch den Wassersüchtigen gut.

6 Die Geschwulst am Leibe zu vertreiben, nimm Mosig von einem Todenkopf, unbeschrien, in ein Tuch gebunden, in Wein gelegt und getrunken.

7 Wider die Gelbsucht, thue oft

Schelwurzel, Leberkraut oder Hopfen, in Wein, und trinke davon nach belieben.

8 Wider die Milzkrankheit, brauche oft Adermennig und Hirschzungen in der Kost. Oder, mache eine Salbe von Tausendgülden-kraut, Baumöl und Wachs, und schmiere das Milz damit.

9 Je Länger je Lieber und Hirschzungen in Wein gesotten, oder Safran oft gebraucht, ist auch gut. Gundelreben in Essig gesotten, und auf das Milz gelegt, stillet das Aufsteigen des Milzes.

10 Wider das Seitenstechen, nimm Fedistelkraut, und Salben, etwas weniger, stosse es fein, siede es im Wasser von den Disteln, drücke es durch ein Tuch, mache diese Brühe mit Zucker süß und trinke davon, so oft das Stechen kommt.

11 Culpeper, ein berühmter Arzt, rathet folgendes wider die Fallende Sucht: Nimm eine Quart fliessend Wasser, siede und schäume es ab, alsdann thue eine Handvoll Cardobenedict hinein, koche

es bis Helfte davon eingesotten , mache
die Brühe mit Zucker süß , und trinke
nach belieben davon.   Sonsten wird
Roßmarein und Rauten gesotten , und
die Brühe getrunken , auch sehr gelobet.

12. Mäußörleinsaft mit Wein gesotten,
ist gut wieder die fallende Sucht.   Vor-
Bedonienkraut getrunken, ist auch gut.

13. Sauerampfersaft und Baumöl an
das Haupt gestrichen, dienet wider allerley Hitze.

14 Haberbrey mit Essig gekocht ist gut
denen die grosse Hitze haben.

15 Rinden von einem Eschenbaum frisch
auf eine Wunde gebunden, ziehet sie zusammen, daß mans nicht heften braucht.

16 Hohlwurzel und Diptanwurzel fein
gestossen, u. mit Honig zur Salbe gemacht,
und auf die Wunde gelegt, ziehet einigen
Pfeil oder Dorn heraus.

17 Scheißmilten gestossen, ein Pflaster
davon gemacht, und auf das zerstossene
Glied gelegt, ziehet es aus, und heilet.

18 Beyfuß oft gebraucht, so schadet

dir kein Biß von einigem unſinnigen Thier.

19 Stabwurzel getrunken, iſt gut wenn man von einigem giftigen Thier gebiſſen.

20 Wer einen undäuigen Magen hat, der eſſe Bolley und Bolleyſamen in Eyer.

21 Das Brechen, nimm Bedonien in alten Wein geſottten und nach dem Eſ= ſen davon getrunken.

22 Item, Nimm Bolley und zerſchnei= de ihn klein, und iß ihn in einem Ey.

23 Den Stein, nimm Rinde von ei= nem abgehauenen Eichbaum, der nicht gar alt, ſiede ſie in Wein, und trinke oft da= von.

24 Wann einem der Afterdarm aus= gegangen, der grabe viel Schlehenwurzel, laſſe ſie wohl ſieden, und ſitze darüber, daß der Dampf in dich gehet.

25 Siede das Hirn eines Haſen, und reibe denen Kindern das Zahnfleiſch, ſo wachſen die Zähne ohne Schmerzen.

26 Halte einen Kreuzvogel im Hauſe; ſo berühret es der Blitz nicht. So ein

Kind das fröschel oder Gichter bekommt,
so laß es aus dem Geschirr trinken, wor=
aus der Vogel trinket.

27 Die Maulwörfe oder Scheermäuse
zu vertreiben, thue ungelöschten Kalk in
die Löcher wo sie auswerfen.

28 Bassem=fett, ist von grosem
Nutzen in Glieder=schmerzen, daß ich auch
nie gehöret, daß es an jemand fehl ge=
schlagen, der sich damit geschmieret.

29 Wider der Krebs, schneide die
Haare auf der Krone des Haupts ganz
kahl, mache Kupferruß fein, mische es mit
Gänsfett, und schmiere die Platte auf
dem Wirbel damit, es hilft, der Krebs
mag seyn an welchem Theil des Leibes
er will.

30 Wider offene Beine, nim Zieglers
Laimen, mache ihn weich wie Mosch,
wärme ihn wohl, alsdann spreite ihn
auf ein Tuch, fülle die Wunde mit ge=
schabt Leinwand, und lege den Laimen
warm über das ganze Bein, sobald er
trocken wird, nehme ihn ab und lege ein=

anders auf, und halte damit 4 Tage und Nacht an, darnach nehme den Laimen ab, und nimm Blätter von Bamboo (: das ist eine Art von Schilf, das an den Wassern wächset, blaue Beeren trägt, und an den Bäumen hinauf klettert wie Reben:) weiche diese Blätter in Springwasser, und lege sie auf das Bein, wiederhole es oft, es heilet gewiß.

Ob ein kranker Mensch wieder gesund werde.

Nimm Speck und reibe damit die Fußsohlen des Kranken, und wirf einem Hund den Speck vor; frißt der Hund den Speck, so ist es ein Zeichen daß er gesund wird, wo nicht so wird er sterben.

Oder:

Nimm ein Stücklein Brod und reibe ihm seine Zähne damit, hernach wirf es einem Hund vor: frißt er es, so geneset der Kranke wieder, wo nicht so ist es sein Tod.

Wenn die Hunde unter dem Tische einander beissen, daß sie nachlassen müssen.

Kehre ein Stück Brod oder Speck um auf dem Tisch, das unterst zu oberst, so lassen sie nach.

Eine gewisse Kunst wider das Feuer.

Daß man demselben einen grossen widerstand thun kan, wird auch kein Donner ins Haus kommen, wann es darinnen ist. Gibt man es einem Hunde zu essen, so wird er nicht toll.

Bestehet in 25 Buchstaben, wie hier in dieser Tabelle zu ersehen ist.

S	A	T	O	R
A	R	E	T	O
T	E	S	E	T
O	T	E	R	A
R	O	T	A	S